일본의 역사도시

일본의 역사도시

나라 奈良

교토 京都

글·사진
김광식

눈빛

김광식(金光植)은 서울대학교를 졸업하고 공군에서 군 복무를 마친 후 문화공보부에 들어가 은퇴하기 전까지 30여 년간 홍보분야와 문화예술행정에 종사했다. 재직 중 일본, 미국 등지의 우리나라 공관에서 15년 동안을 해외홍보와 문화교류업무를 담당한 경력을 포함한다. 그는 1993년 도쿄 주재(주일본대사관) 한국문화원장을 마지막으로 공직생활을 끝냈다. 퇴직 후 4년 동안 고려대학교 초빙교수(세종캠퍼스)로 재직하였고, 1999년부터는 유네스코 문화유산담당 ICOMOS 한국위원으로 문화유산 보존활동에 참여하였다. 저서로『세계의 역사마을』(1-3권, 눈빛, 2005-2013)과『유럽의 문화경관』(눈빛, 2018)을 비롯하여『오늘의 문화유산 보존과 활용』(시간의 물레, 2013) 등을 펴낸 바 있다.

일본의 역사도시
나라·교토

글·사진 김광식

초판 1쇄 발행일 ― 2025년 11월 12일
발행인 ― 이규상
편집인 ― 안미숙
발행처 ― 눈빛출판사
　　　　서울시 마포구 월드컵북로 361
　　　　전화 336-2167 팩스 324-8273
등록번호 ― 제1-839호
등록일 ― 1988년 11월 16일
출력-인쇄 ― 민들레
제책 ― 예림바인더리
값 20,000원
copyright ⓒ 2025, 김광식
Printed in Korea
ISBN 978-89-7409-209-2 03980
이 책에 수록된 글과 사진은 저작권법에 의해 보호를 받는 저작물이므로
작가와 출판사의 서면 동의 없이 무단전재와 무단복제를 금합니다.

서문

'역사마을'이 아닌 '역사도시'라는 표제를 처음으로 사용한다. 도시가 마을과 다른 점은 일반적으로 인구가 밀집해 있는 곳을 말한다. 인류는 역사시대 이전부터 수렵이라는 옮겨 다니는 생활에서 농업을 영위하면서 한 군데에 정착하여 생활하였으며, 생산기술의 발전으로 규모가 커지면서 인구가 밀집한 도시가 생기게 되었다. 마을과 도시는 시대가 흐르면서 모습이 변한다. 변하여 없어져 가는 역사적 도시와 마을의 모습을 보존하여 후세에 남기려 하는 노력이 문화유산 보존 활동이다.

여기 소개하는 것은 일본의 역사도시 나라와 교토 그리고 그 주변의 모습이다. 우리나라 삼국시대 중반부터 한반도에서 건너간 도래인들이 중심이 되어 일본이라는 나라가 나라(奈良) 지방에서 세워지게 된다. 그러면서 도래인들과 원주민들이 섞여 일본이라는 나라를 세워 나간 발자취와 오늘날의 긴키(近畿) 지방 모습을 필자가 본 대로 그리고 느껴 기록한 대로 소개하는 것이다.

긴키 지방은 일본이란 국호가 사용되기 시작한 8세기부터 천년 동안 일본의 역사와 문화 형성에 중심지 노릇을 했다. 교토(京都)가 그 중심지이다. 그래서 교토 지방을 긴키 지방이라 일컫는다. 우리나라의 경기도와 같이 수도 주변이란 의미다. 1868년 메이지유신이 일어나기 전까지 명목적이지만 친황이 살던 왕도였기 때문에 오늘날 일본의 전통과 일본적 미학 형성의 중심지로서 자리매김하였다. 교토의 무수한 사찰과 기온거리를 보면 현대의 교토가 전통과 현대를 어떻게 조화시키면서 발전하느냐 하는 어려운 현실을 보게 된다.

나라는 교토로 왕도를 옮기기 전 70년 동안 왕국의 형성기에 권력의 중심지였지만 경주와 같이 잊힌 소도시다. 신라 천년의 왕궁터를 찾아 지금도 헤매는 우리나라와 달리 8세기에 지은 헤이조(平城)궁 터가 남아 이를 드넓게 복원하고 있다. 재미있는 일은 20세기 초 나라 주민들의 주민운동으로 보존 활동이 시작되었다는 점이다. 하지만 헤이조궁을 가로질러 부설한 철도 노선을 궁터 밖으로 옮기는 데는 어려움을 겪고 있다.

나라에는 8세기 백제 불교 기술자가 도와 세운 호류지(法隆寺)를 비롯하여 세계 최대 목조건축물인 도다이지(東大寺), 세계 최초의 박물관이라고 일컬어지는 쇼소인(正倉院)이란 왕실의 문물을 보존 관리하는 창고가 있다. 필자가 경탄한 일은 이 쇼소인 유물 가운데 하나로 8세기 도다이지의 대불을 개안(開眼-불상의 제막)하기 위해 만든 명주끈을 천년 이상 잘 보관되어 1990년 도쿄박물관에서 본 사실이다.

나라분지에서 남쪽으로 길게 뻗은 기이반도 한가운데에 산악지대가 펼쳐진다. 산지의 중심으로 천년이 넘는 시간 동안 교토의 귀족과 신앙심이 깊은 각층의 사람들이 산길을 따라 여행하면서 기이산지(紀伊山地) 순례길이 생겼다. 이를 '구마노 고도(熊野古道)'라고도 한다. 순례자들은 산악지대에 산재한 사찰과 신사를 참배하면서 스스로 정화하는 종교의식을 치러 이곳에 신비로운 문화경관을 만들었다. 2004년 구마노 고도는 '기이 산지의 영지와 순례길'이라는 이름으로 유네스코 세계문화유산에 등록되었다.

필자는 MZ세대가 태어나기 시작될 무렵 1990년대 초 은퇴하였다. 무직자의 시작이며, 시간상으로 여유가 생겼다. 다행히 세계문화유산 보존 활동에 가담하면서 국내는 물론 해외에도 관련자들과 함께 문화유산 탐방을 다니기 시작하여, 볼품없는 글이지만 세계의 마을 단위의 전통문화 유산을 모아 몇 권의 책을 펴낸 바 있다.

이 책은 필자가 지난 4반세기 동안 일본을 오가면서 모아놓은 메모와 사진을 엮어 내놓는 내 일생의 마지막 글이 될 것이다. 이제 구순(九旬)에 들어서는 필자가 젊은 시절 일본에서 오래 근무했으면서도 정작 일본에 관한 글은 없었던 터에 눈빛출판사의 호의로 이 책을 출판하게 되었다. 어려운 출판 환경에도 불구하고 이 책을 내주신 이규상 사장님, 안미숙 편집인을 비롯한 스태프들에게 깊이 감사드린다.

2025. 10월
김광식

차례

서문 5

1. 나라 奈良 11

　　아스카 / 가시하라 60
　　기이(紀伊)산지 '순례길' 70
　　아스카데라 / 김승연 76

2. 교토 京都 107

1. 나라 奈良

은퇴하기 전, 나라에 한 달 체재하면서 둘러보고 얻은 느낌은 나라는 시골 냄새가 물씬 풍기는 전원도시라는 것이었다. 우리나라 경주와 비슷한 지역이다. 산에 둘러싸인 벌판에 자리한 인구 수만의 작은 도시, 고층 건물이 없는 도시, 고대 사찰이 즐비한 곳 등등.

나라를 방문하려면 대개 JR이나 긴테쓰 철도(近鉄鉄道)를 이용하여 접근한다. 역 청사와 바로 연결된 전통시장, 나라 명물 나라즈케(奈良漬け, 참외 절임) 등의 점포, 그리고 관광서 거리가 긴테쓰 종점에서 가깝고, '나라공원'이 가까운 거리에 있다.

나라는 시가지 동쪽 끝에 꽤 커다란 산지가 자리 잡고 있는데 여기에 큰 공원을 만들어 나라의 정취를 더해 준다. 처음 나라를 찾는 사람은 나라공원에서 방목하는 사슴이 사람을 피하지 않고 오히려 뒤를 쫓아다니는 풍경을 신기롭게 생각할 것이다. 공원 초입에 박물관을 비롯하여 절과 신사의 부지가 산자락에 펼쳐진다. 시가지 중간에 넓은 공터가 있는데, 여기가 헤이조쿄(平城京) 옛 궁궐터(면적 약 100만 평) 역사공원이다.

간사이(関西) 지방에 5~6세기경부터 강력한 왕권이 탄생하면서 이곳을 중심으로 서서히 고대 통일국가가 형성되어 갔다. 오사카 나니와

(難波) 유적 지역과 나라분지 일대는 300년간 일본의 권력 중심지였고, 이에 따른 유적이 여기저기 산재해 있다.

6세기 중반에 일본에 들어온 불교와 한반도로부터 이주해 온 다수의 도래인(渡來人)에 의하여 처음으로 일본에 중앙집중식 국가 시스템을 갖추기 시작했다. 추정하면, 도래인들 일단은 규슈를 떠나 동진(東進)하여 오사카 지역과 나라-가스가(春日) 지역에 정권을 창출하는 데 선도적 역할을 하게 된다.

고고학적 발굴 결과에 따르면, 1950년대부터 발견되기 시작한 오사카 나니와(難波) 궁적(宮跡)인 일본의 지배권력이 서일본에서 간사이 지방으로 이동한 것을 보여주며, 나라에서 발굴된 궁궐터가 집중식 정권이 존재했음을 말해 준다. 한반도에서 건너온 도래인들은 간사이 지방에 무리로 정주하여 유력한 토호(土豪)세력으로 커갔다. 75년 동안 나라에 도읍을 정했던 헤이조(平城) 시대는 간무 천황(桓武天皇) 시대에 들어 사찰과 신사의 세력이 너무 비대하여져 감에 따라 나가오카(長岡)로 왕도를 옮기면서 역사의 뒤꼍으로 사라졌고, A.D.790년 교토로 옮기면서 헤이안쿄(平安京) 시대를 연다.

중앙집권적인 국가체제가 갖추어지면서 왕권에 부(富)가 집중되고 왕족과 귀족은 이런 부를 배경으로 화려한 생활을 영위하게 되었다. 이 결과 '나라' 시대에는 헤이조쿄(平城京)를 중심으로 고도의 귀족문화가 꽃피우게 된다. 당시의 귀족은 당나라에 파견되었던 견당(遣唐) 사절이 갖고 들어온 선진문물과 문화를 열심히 받아들여 고도의 문화를 꽃피웠던 시절이다. 쇼소인(正倉院)에 있는 유물이 이를 증명한다고 할 것이다.

나라 지방의 세계문화유산은 교외에 있는 호류지(法隆寺) 본당, 도다이지(東大寺), 고후쿠지(興福寺), 가스가다이샤(春日大社), 도쇼다이지(唐招提寺)와 헤이조큐(平城宮) 유적 및 가스가산 원시림(春日山原始林) 등이 등재되어 있다. 1993년 일본에서 처음으로 세계문화유산으로 등재된 호류지는 나라 시내에서 약 30킬로미터 떨어져 있다. 가스가산(498미터) 자연림은 넓이 약 300헥타르(1헥타르=100,000㎡)는 A.D. 841년부터 천년 이상 수렵과 벌목이 금지되어 탄생한 원시림으로 산 전체와 가스가(春日)신사가 보존 구역으로 지켜져 왔다.

아시아의 현존하는 고대도시 중 계획적으로 건설된 목조건축군의 유적이 8세기의 모습을 그대로 전해지는 사례는 여기뿐일 것이다. 나라 문화유산의 압권인 도다이지는 743년 쇼무(聖武) 천황이 건축을 명하여 752년 대불의 개안(開眼-부처님의 눈을 뜨게 하는 것으로 개막의식을 뜻함) 공양(供養)되었다. 외관상으로는 2층 구조로 보이나 단층 높이 46미터, 가로 폭 57미터, 세로 길이 50미터의 세계 최대의 목조건물로 알려졌다. 대불전 안에 모신 대불은 청동제에 도금한 것으로, 높이 14.7미터 기단 둘레 70미터의 거불(巨佛)이다. 대불 몸통을 만드는 데만 3년 넘게 8번 주조하여 조립한 것으로 불상을 만드는 데만 35만 명 이상의 인력이 투입되었다는 기록이 있다. 대불의 개안 공양은 인도에서까지 명승을 모셔 올 정도로 대대적인 국제 행사였다. 대불전과 대불은 그 후 지진과 전화로 손상당했는데 현재의 대불은 1692년 에도시대에 보수한 것이라 한다.

그런데, 개안할 때 쓴 명주끈은 지금도 쇼소인에 봉납되어 있다.

도다이지 대불

필자는 1990년대 초 도쿄국립박물관에서 '쇼소인 유물전'을 개최했을 때 8세기 나라 도다이지 불교사찰 준공 시에 썼다는 이 끈을 보고 현대까지 명주끈을 이렇게 소중히 보관한 일본 사람들의 문화재 보존 의식에 놀란 바 있다. 명주끈이 보관된 쇼소인은 도다이지의 보물을 보관하는 고상식(高床式) 목조건물로 원래는 창고이다. 그런데, 이곳에 쇼무천황 사후 유물을 쇼소인에 보관시키도록 기증한 것이 효시가 되어 이를 비롯한 황실 유물의 기증이 이어졌다. 현재 유물은 약 9천 점으로 알려졌는데, 유물 중에는 당, 신라, 백제를 비롯하여 페르시아의 공예품 등 귀중한 공예품도 다수 보관 보존되고 있다. 많은 박물관 전문가는 천년 넘은 유물은 대부분 발굴 때문에 출토되는데 이렇게 고대 유물이 지상의 한 장소에 온전하게 보전된 현상은 매우 드물다고 한다. 그래서 많은 전문가들은 쇼소인을 가리켜 세계에서 가장 오래된 완전한 박물관 유물 창고로 평가한다. 쇼소인 관리는 황실을 관장하는 궁내청(宮內庁)이 관장하는 국유재산으로, 유물은 1년에 한 번씩 나라국립박물관에서 전시 공개된다.

헤이조 궁적(平城宮跡) 역사공원

794년 나가오카로 천도함에 따라 버려진 헤이조쿄는 세월이 가면서 전답으로 변하였지만, 가스가산 동편에 자리 잡은 도다이지 고호쿠지 가스가다이샤는 귀족들의 공양으로 현상을 유지해 오다가 에도시대에 들어가, 나라는 이 지방의 소도시로 발전하게 된다.

이곳에 체재하던 기간 중 나는 숙소 바로 앞의 헤이조 궁터를 매일 아침 걷기도 하고 자전거로 돌기도 하면서 산책 코스로 이용했다. 그래서 군데군데 발굴과 복원을 하던 헤이조 궁터를 여러 번 관찰할 기회가 있었다. 헤이조 궁적은 70년대만 하더라도 연간 20만 정도가 관람하던 것이 점차 늘어 이제는 연간 6~70만 명이 관람하러 온다고 한다. 헤이조 궁적 역사공원은 특별사적으로 세계유산 '고도 나라의 문화재 구성 자산의 하나'이며 최근 역사공원으로 지정되었다.

나라 헤이조궁(平城宮)은 710년에서 784년까지 왕도 노릇을 했으니 74년에 불과하나 지금까지 궁궐터가 남아 있다. 현존하는 왕도는 나라 궁터가 유일한 곳인지도 모른다. 우리나라는 천년 신라 궁궐지를 추정할 뿐이고 태봉이나 후백제의 소재지마저 지방만을 추정할 뿐 정확한 소재지도 모르는 현실과 대비된다고 하겠다.

나라는 북쪽에 약간의 구릉이 있는 곳을 북단으로 하여 궁을 정한 후 중국 장안의 조방제(條坊制)를 모방하여 반듯반듯한 바둑판 모양으로 시가지를 설계 배치하였는데 당시 20만 명 정도가 여기서 생활했을 것으로 추정한다.

나라에 대한 새로운 조명은 메이지유신에 의해 천황제가 확고히 뿌리내린 1895년 교토 천도(京都 遷都) 1100년제가 계기가 되었다. 나라 시민들의 각성이 일기 시작하고 헤이조궁을 보존하자는 헤이조궁 현창(顯彰) 운동이 일어났다. 시민들의 모금으로 보존회가 결성되고, 주택이 들어서고 있는 동편의 고궁 터를 보존하기 위해 사유지 수백 평을 사들여서 국가에 기증하였다. 그러면서 헤이조궁의 규모와 유적에 대한 조사가 고고학자들을 중심으로 시작되었으며 이를 바탕으로 1940년대에 궁터는 사적으로 지정되었다.

궁적(宮跡)은 1950년 중반 경제부흥기를 맞아 한 차례 고비를 겪는다. 일본의 고도 경제발전기에 오사카 지방의 교통, 주택 등의 수요가 늘어나게 되었고, 나라는 오사카의 통근 거리 안에 있어서 베드타운이 되었다. 나라시는 헤이조궁 궐 터를 사이에 두고 동서로 도시화가 진행되었다. 이러는 과정에서 도다이지와 정반대에 있는 사이다이지(西

大寺) 지역에는 주택지가 개발되고, 헤이조궁 동편에도 주택이 잠식해 들어왔으며, 사철인 긴테쓰(近鐵) 철도 나라선이 헤이조궁을 가로질러 부설되었다. 아직도 긴테쓰선은 헤이조궁 앞 수자쿠몬(朱雀門) 옆을 지상에서 가로지른다. 1961년에는 긴테쓰가 헤이조궁 터 안 자기 소유지에 객차검사소를 짓겠다는 계획이 발표되자 궁궐터의 유구(遺構) 파괴를 우려한 전문가와 지식인들이 반대 여론을 일으켰다. 헤이조궁 터를 보존하자는 여론이 일기 시작하자 1963년부터 정부는 예산을 편성하여 점차 사유화된 궁터 130정보를 사들이기 시작하였으며, 시민들의 힘으로 궁궐터를 확보 보존할 수 있게 된 것이다.

  헤이조 궁터에서는 1970년대 이후 장기 계획으로 유적 발굴 및 연구가 진행되고 있으며, 2005년 현재 약 30퍼센트의 넓이 약 30만 평의 발굴조사를 완료하였고, 발굴 성과를 토대로 하여 국민의 문화유산 보존 교육현장으로 활용하기 위해 궁터에 헤이조 궁적 유적박물관을 건립하여 2008년 나라 천도 1천3백 주년에 완공시켰다. 100만 평의 헤이조 궁터는 연차적으로 매입하여 확보하였고, 나라문화재연구소가 발굴조사하고 유구 유적을 보존 처리한 다음 세계유산인 유적의 관리를 국토성이 주관해 '헤이조 궁적 역사공원'으로 국가가 관리하기로 하였다.

  2003년 '고증'을 근거로 정문 수자쿠몬을 축조하였고, 궁의 정전 다이코쿠덴(太極殿)을 2010년 완성해 일반에 공개하였다. 다이코쿠덴은 당시의 설계 도면이나 참고할 회화도 없어, 발굴 당시 나타난 기단과 동시대 건축물인 호류지 금당 등의 건축을 참고하였다고 하나 이는 어디까지나 추측에 의한 문화유산의 축조와 다름없다고 할 것이다. 헤이조궁 다이코쿠덴은 수자쿠몬의 북쪽 800미터 떨어진 곳에 정면 44미터, 측면 20미터의 건물로 지름 70센티미터의 주홍색 기둥 44개, 기와 약 10만 개를 들여 건축한 헤이조궁의 정전이다.

발굴 완료된 유적지는 1) 유구(遺溝-발굴하여 옛 모양을 드러낸 곳)의 영구 보존을 위해 토사로 완전히 메워 버리고, 그 위에는 나무를 심어 표시하는 유구 표시 지구를 만들거나, 2) 일부는 유구 위에 전시관을 지어 유구 모습을 그대로 전시하거나, 3) 중심적 건조물은 복원하여 원형을 되살린다. 두 번째 유구에 덮개 건물을 짓는 경우 원칙적으로 원래 유구는 70센티미터 이상 토사로 메워서 보존 처리하고 그 위에 레플리카를 만들어 놓았다.

　복원하기로 한 주요 건축물도 원래의 기단(基壇) 유구는 흙으로 덮고 그 위에 새로 기단을 놓고 건축한다고 한다. 정문인 수사쿠몬과 정전인 다이고쿠덴 복원이 완료되어 일반 국민에게 역사를 체험하게 하고 있다. 그런데 전문가의 비판도 있다. 당시의 건물 기단 이외에는 아무것도 남은 것이 없으므로 복원은 불가능한 것이고, 오히려 현대인이 "천년 전에 이 궁궐 모양은 이러했을 것이다"라고 추정하여 만든 '상상의 현대건축'에 불과한 것이 아닌가. '복원' 중인 다이고쿠덴 내부를 관람할 기회가 있었는데, 내진설계 시공을 하고 있었다. 지진에도 버틸 수 있는 유압식 초석을 설계하여 시공하고 있었다. 그런데 밑에 흙으로 덮었다는 기단 유구는 어찌 되었는지 비전문가로서는 이해하기 힘들었다.

　유적박물관 건립 사업은 사실상 아직 이러한 사례가 없는 선구적인 사업이기 때문에 고심을 많이 한 것 같다. 헤이조 궁적 역사공원을 만들려는 이념은 고도 나라의 역사적, 문화적 경관 가운데 헤이조 궁적 보존과 활용을 통하여 오늘날에 나라 시대의 궁궐과 문화를 느끼게 할 공간을 만들어내고자 한다는 것이다. 비슷한 시기의 천년고도 경주-신라의 궁궐터는 반월성이라고 추정하나 아직 아무런 발굴조사를 시작도 못한 우리나라 현실을 생각해 보았다.

가스가산에서 내려다본 나라 시내

가스가산 중턱에서 내려다본 도다이지

도다이지

나라 헤이조궁의 정전 다이코쿠덴(太極殿). 멀리 나라 시가지와
가스가산 밑의 도다이지가 보인다.

헤이조궁 정문 수자쿠몬과 궁적

측면에서 바라본 수자쿠몬

헤이조궁의 정문 수자쿠몬

수자쿠몬 앞을 지나는 긴테쓰선 철도

수자쿠몬의 측면 세부

다이코쿠텐 복원

역사공원 복원공사

나라 역사공원

황실 유물 수장고 쇼소인

쇼소인 측면 건축

쇼소인 1층 하단 건축

오이케 호수에서 바라본 야쿠시지.
뒤는 가스가산

오이케 호수에서 바라본
일몰 무렵의 야쿠시지

야쿠지시 현장삼장원(玄奘三藏院) 가람.
현장은 당나라 고승으로, 인도에 20년 동안
구도로 다녀와 불교 경전을 한문으로
번역한 승려다.

야쿠지시 현장삼장원(玄奘三藏院) 가람

나라 시내

나라 시티투어버스

나라 시내 중심가

헤이조궁 조감도

나라 중심지를 벗어나면 곧바로 전원 풍경이 펼쳐진다.

나라 중심지를 벗어나면 논 가운데 주택이 드문드문 보인다.

히가시룽 고분을 둘러싼 연못

나라초자료관

나라의 한 과자가게

나라 즈케(절임) 점포

일본 주택 내부, 나라초자료관

오래된 과자 점포

나라 근처 이마이(今井) 전통건조물 구역

나라 근처 이마이(今井) 전통건조물 구역

일본술 양조 가게

이마이 우체국

이마이 주택가 골목

이마이 주택가 두부 가게

아스카 / 가시하라

나라현은 넓은 분지로 이루어져 있으며, 나라역에서 남쪽으로 30킬로 떨어진 아스카(飛鳥)촌과 가시하라시(橿原市) 일대는 나라 헤이조궁이 왕도가 되기 전, 일본의 체제가 중앙집권 체제로 발돋움한 역사의 산실이라 한다.

나라현과 오사카 일대에 대소 132개의 왕가의 고분이 산재한다. 많은 고분이 열쇠 모양을 한 전방후원(前方後円-앞 부분은 네모나고 뒷부분은 원형)형의 고분인데 그중에도 닌토쿠(仁德) 천황의 묘라고 믿는 사카이(堺)시의 고분은 전세계에서 가장 큰 고분으로 알려졌다.

1972년 아스카촌 다카마츠카 고분 발굴 현장에서 처음으로 벽화〈미녀도〉가 발견되었다. 앞선 해 마을 사람들이 농산물을 저장하려고 굴을 파다가 아주 오래된 다듬어진 석물을 발견하고

전방후원 고분·닌토쿠 천황의 묘

가시하라 고고학연구소가 발굴조사를 시작하였는데, 고분의 석실 벽화에 고구려 고분 벽화와 유사한 〈여인행렬도〉, 청룡현무가 나와 센세이션을 일으킨 바 있다.

또 1983년 11월 다카마츠 고분 인근 원형고분 석실에서 또 하나의 채색 벽화가 발견되었다. 벽화 그림은 거북과 호랑이 그림으로 판명되어 '기도라 고분(龜虎古墳)'으로 명명되었다.

위 두 고분에서 발견된 채색 벽화 즉, 다카마츠즈카 고분과 기토라 고분 벽화가 모두 고구려 벽화의 〈현무도〉나 〈여인행렬도〉와 아주 유사하다는 점이다. 최근 일본의 한 연구자 미야지마 가즈히코(宮島一彦) 교수는 천정에 그려진 벽화의 별자리가 북위 40도 근처 지역의 별자리임을 확인하여 고구려 평양 근처임을 알아냈다고 한다.

고대 일본은 한반도와의 문화교류와 접촉의 사례가 넘친다. 특히 간사이(関西) 지방은 한반도에서 흘러 들어간 도래인들의 자취가 이루 말할 수 없이 흔하다. 일본어와 한국어는 문법이 유사하여 두 언어의 근친성이 많다고 한다. 그러나 언어 문법이 비슷하다고 하여 영어와 독일어와 같이 같은 어족으로 분류하기 어려운 부분이 있다. 즉, 신변 어휘가 매우 다른 점에서 두 나라 말이 같은 어족에 속한다고 할 수 없다. 예를 들면: 얼굴(顔)-》かお 가오, 머리(頭)-》あたま 아타마, 손(手)-》て 데. 그러면 일본어의 유래는 어디서 왔을까? 가장 설득력 있는 설명은 동아시아 기층말을 바탕으로 남방적인 요소가 가미되어 성립한 언어로 보는 것이 통설이다. 필자의 생각으로는 주류를 이루고 있던 남방계 원주민이 쓰던 일상어에, 선진 한반도에서 건너간 도래인이 일본에서 지배 계층으로 발돋움하면서 한국어 문법체계의 영향을 받아 발전한 것이 아닐까 추측해 본다. 고대 영어는 독일어와 어순이나 문법이 비슷했지만 11세기 노르만 왕조의 지배를 받아 프랑스어의 영향을 매우 많이 받아들였다고 한다.

많은 학자가 일본 지배층의 한반도 유래설을 주장 또는 뒷받침한다. 일본의 학자 에가미(江上波男, 1906~2002)는 기마민족 유래설을 주장하면서, 일단의 동북아시아계의 기마민족이 한반도의 남부를 지배하다가 4세기 한반도 변한에서 일본열도로 흘러 들어왔다고 주장한다. 컬럼비아대학 한국사학자 개리 레저드(Gari Ledyard, 1932~2021)는 일본에서 처음으로 강력한 중앙집권 국가를 만든 것은 도래한 한국인이었다고 한다. 미술사학자 코벨(Jon Carter Covell, 1910~1996)은 그의 저서 『기마민족과 왜』(2012)에서 다음과 같이 일본의 천황가가 한반도에서 건너왔다고 주장한다.

346년 선비족의 침임으로 초토화된 조국을 떠나게 된 한 무리의 부여족이 지친 행색으로 한반도 남단을 향해 움직이고 있었다. 용맹한 부여족은 어린 공주 하나를 조심스레 보호하고 있었다. 이들에게 어린 왕녀의 존재는 신천지에서 삶을 펼쳐 나가게 힘을 추슬러 줄 유일한 불씨였다.

이 왕녀는 4세기 가야 출신으로 나중에 중애 천황의 비가 된 무녀 신공이며, 훗날 무내숙녜(武內宿禰)라는 가야의 장군과 같이 일본 정벌에 나섰으며, 일본 사서 『일본서기(日本書紀)』의 구절을 인용하여 진구(神功) 황후가 낳은 왕자가 일본의 진무(神武) 천황이라고 설명한다. 이들은 처음 규슈 남단 현재의 미야자키현 휴가(日向) 지방에 정착한 것으로 보이며, 일대에는 천황가의 신화를 비롯하여 한반도와의 연관된 지명, 산명(韓國岳)이 있다.

일본 천황 아키히토는 그의 68세(2002) 탄신일 기자회견에서 다음과 같이 일본 사서 『속일본기』에 나오는 천황가의 한반도 유래설을 인정하였다.

일본과 한국 사람들 사이에는 옛날부터 깊은 교류가 있었다고 『일본서기』 등에 자세히 적혀 있습니다. 한국으로부터 이주해 온 사람들과 초빙되어 온 사람들에 의해 다양한 문화와 기술이 전해졌습니다. 궁내청(宮内廳) 악부(樂部)의 악사들 중에는 당시에 이주해 온 사람의 자손으로 대대로 악사 일에 종사하며 지금도 때때로 아악을 연주하고 있는 사람이 있습니다. 이러한 문화와 기술이 일본 사람들의 열의와 한국 사람들의 우호적 태도에 의해 일본으로 전해졌다는 것은 다행스러운 일이라고 생각합니다. 이후 일본의 발전에 크게 기여한 일이라고 생각하고 있습니다. 저 자신으로서는 간무 천황(桓武天皇)의 생모가 백제 무령왕의 자손이라고 『속일본기』에 기록되어 있는 점에서 한국과의 인연을 느끼고 있습니다. 무령왕은 일본과 관계가 깊었고, 이때 이래로 일본에 오경박사가 대대로 초빙되기에 이르렀습니다. 또한 무령왕의 아들 성명왕은 일본에 불교를 전해준 것으로 알려져 있습니다. (출처: https://www.newstopkorea.com/news/articleView.html?idxno=10221)

앞서도 말했지만, 나라현은 넓은 분지 남단에 있는 가시하라(橿原) 신사는 가시하라궁이 있었다는 자리이며, 일본 초대 천황인 진무 천황을 제신으로 모시고 있다. 아스카궁(飛鳥京)은 나라의 헤이조궁이 왕도가 되기 전, 일본의 체제가 중앙집권 체제로 발돋움한 역사의 산실이다.

아스카촌의 아스카데라(飛鳥寺)란 사찰은 원래 호코지(法興寺)라고 불리었는데, 고대 왜국의 권력 가문인 소가(蘇我) 가문의 가문 사찰로 일본에서 가장 오래된 사찰이라고 한다. 호코지의 창건은 불교를 국교로 삼은 쇼토쿠(聖徳) 태자에 의해 창건되었으며, 소가 가문 우마코의 주도 아래 백제의 승려들과 장인들이 지었다.

아스카데라 창건에 관하여는 딸애 승연이가 컬럼비아대학원 시절에 쓴 글이 있어 사찰 창건에 관한 부분을 발췌하여 뒤에 소개한다.

다카마츠즈카 고분 벽화

다카마츠즈카 고분 〈미인행렬도〉

복원해 본 〈미인행렬도〉

사찰 아스카테라 조감도(모형)

아스카테라

일본 최초의 사찰 아스카데라 飛鳥寺

김승연

일본의 초기 불교 정착화에 백제, 신라가 이 역사적 사건에 관여했음은 분명하다. 그러나 백제와 신라의 불교 전파 기여에 대한 풍부한 문헌에 비하여 고구려의 기여에 관한 기록이 별로 없다는 것은 당혹스럽게 만든다. 하지만, 고구려의 일본과의 교류에 대한 충분한 문헌 증거가 있으므로 이를 조사 연구해 보면 당연히 고구려가 불교에 관한 중요한 지식을 전수했을 것이란 결론에 이르지 않을까? 이 글에서는 현존하는 건축물과 시각적 고고 자료를 검토하여 고구려의 건축이 일본 불교에 끼친 영향을 고찰해 보고자 한다.

아스카데라 건립과 고구려

간고지(元興寺)는 아스카데라(飛鳥寺)의 옛이름이다. 일본 최초의 불교예불 공간이라고 『일본서기』의 '간고지엔기(元興寺緣起)'에 설명되어 있다. 호코지(法興寺)와 아스카데라로도 알려져 있으며, 앞서 언급했듯이 소가 가문이 후원자였다. 백제 사찰건축 전문가와 장인이 588년에 아스카데라를 짓기 위해 도착했다는 문서를 포함하여 백제와 일본의 초기 불교가 연결되는 증거가 있어 사찰 평면구조가 백제 사찰

형식을 모델로 했다고 추정된다. 1196년의 화재로 사찰 일부가 불에 타버렸고 유물은 결국 붕괴하여 다시는 재건되지 않았다. J. 에드워드 키더에 따르면, 1956-57년 아스카데라의 발굴로 초기 사찰 평면에 대한 대대적인 수정이 필요해졌다. 아스카데라의 사찰 터는 이전에 믿었던 것과 달리 백제 사찰 모형을 기반으로 하지 않았고, 오늘날 평양 근교에 있는 고구려 사찰 원형을 모델로 한 것으로 보인다는 것이다.

아스카데라 터는 사방형으로 되어 있고, 가람 안에 사방탑과 3개의 건물 즉 금당과 나머지 두 건물은 동서로 탑을 둘러싸고 있다. 큰 법당인 금당은 회랑 북쪽에 있다. 아스카데라에 3개의 주 건물이 있었다는 것은 이 걸림이 백제 사찰과는 아무런 관련이 없다는 것을 분명히 보여준다고 하겠다. 왜냐하면, 다른 사찰 터에는 이런 독특한 배치가 없었기 때문이다.

고구려 사찰 터에는 청암리 사지를 참고하면, 가람의 동쪽, 서쪽, 북쪽에 불당과 팔각탑이 있었다. 아스카데라 절의 가람 배치가 청암리 사지의 배치와 유사하다. 청암리 사지는 일제강점기인 1937~39년에 일본 고고학자들이 평양지역에서 발굴한 세 사찰 중 하나다. 다른 두 곳은 청암리 사지에서 조금 떨어진 곳에 있는 원오리 사지와 상고리 사지다. 상고리 사지 발굴 결과는 팔각탑의 존재를 확인했지만 세 개의 불당 배치는 확인할 수 없었다. 따라서 1930년대 후반에 발굴된 세 유적 가운데 청암리 사지는 가림 배치에 있어 아스카데라와 비교할 만한 가장 확실한 증거를 제공한다고 할 것이다.

1976년과 1987년에 평양지역에서 북한 고고학자들이 수행한 추가 작업에서 (외부 고고학자들은 확인하지 않았지만) 청암리 사지 유적과 유사한 다른 사찰 평면도가 발견되었다. 1976년 정릉 사지 유적 발굴에 동, 서, 북쪽에 법당이 3면으로 둘러싸인 팔각탑 유적지가 확인되었다. 황해북도 무명 유적지에 대한 1987년 발굴보고서에 동, 서에 구조적 증거가 있는 팔각탑 유적지가 확인되었다. 한국 학자들은 팔각탑 유적지의 존재와 발견물에 있는 2~3개의 가람 배치를 받아들이는 듯하지만, 건축연대와 발견되었다고 주장되는 유물에 관한 주장은 타당하지 않은 것으로 간주한다. 사찰의 가람 양식과 팔각탑의 존재가 사실이라면 고구려, 적어도 평양 지역에 많이 보인 '1탑 3법당' 가람 양식을 뒷받침하는 셈이 되어, 아스카데라가 고구려 사찰 원형을 본떠 만들어졌을 가능성이 더욱 크다.

아스카데라 가람 양식이 고구려 모델과 유사한 듯하지만, 아스카데라 사면탑의 이론적 설명이 여전히 남아 있다. 아스카데라가 고구려 원형을 참고했다면 왜 탑이 팔각형이 아닐까? 도널드 맥컬럼에 따르면, 일본 학자는 혜자의 역할과 고구려가 605년에 일본에 금을 선사한 사실을 고려해 사찰을 고구려-백제의 합동 건축의 가능성을 제기하지만, 팔각형 탑이 건축되지 않았으므로 고구려-백제의 합동 건축의 가능성을 부정한다. 오히려, 아스카데라에 팔각형 탑이 없는 이유는 사찰건축 및 공예 전문가가 팔각형 탑이 존재하지 않았던 백제에서 왔다는 사실로 설명할 수 있지 않을까 하고 반론할 수 있을 것이다. 백제 건축가는 팔각탑을 지을 기술적 지식이 없었기에 대신 사각탑을 지을 수 있었고, 그 주변에 세 법당이 들어섰다고 추정할 수 있다.

이러한 현실적 접근 방법이야말로 고구려식 배치와 백제 장인 기법이 혼합된 아스카데라 사찰의 고구려-백제 공동 건축 가능성을 뒷받침할 수 있을 것이다. 나아가,『일본서기』에서 앞서 논한 고구려-백제 승려를 삼보(불보, 법보, 승보)의 기둥으로 언급한 것은 고구려-백제 승려의 상징적 영적, 지적 통합을 암시하는 것일 수 있다.

다른 건축을 보면, 독특한 건축 양식인 팔각 구조가 고구려와 일본의 초기 불교의 연관성을 탐구하면 나타난다. 팔각 구조가 일본 불교건축과 관련성이 있는 것은 분명하다. 비탑 팔각 구조의 현존하는 사례로는 호류지의 유메도노(739), 에이산지의 하카쿠도(764), 고후쿠지의 난엔도(원래 건축 813) 및 호쿠엔도(원래 건축 721)가 있다.

중국 지린성 문명고고학연구센터와 지안시박물관의 2001~2003년 합동 고고 발굴을 통한 팔각 구조물에 대한 성과를 조명해 본다. 오늘날 중국 지안에 있는 고구려 요새 수도인 환도산성 지역을 발굴하여 넓은 궁전 부지 내에서 나란히 있는 두 팔각 구조물의 기초를 발견했다. 이들은 5층이었을 가능성이 크다. 팔각 유적지 3곳은 궁적 내 중앙에 있는 넓은 열린 공간을 마주 보고 있다. 이 유적지에서 쇠붙이 조각, 기와, 처마가 발견되었으며, 두 건물은 같은 시기에 지어지고 파괴되었을 것으로 생각된다. 고고학 보고서에 따르면 각 팔각 기초의 크기는 12m x 11.2m이고, 팔각 구조물의 각 변은 약 4.2m이다. 팔각 건조물의 내부에는 3m 크기의 기둥 4개도 발견되었다. 팔각 건조물의 위치, 크기로 보아, 그리고 난방시설이 없음을 보아 학자들은 건조물이 의식 목적의 구조물이라고 결론을 내렸다. 시기는 산성 전체가 공격을 받은 바 있는 A.D. 342년으로 보았다. 만약 이 데이팅(dating, 시기 확정)이 맞는다면 고구려가 중국으로부터 불교를 전수한 372년으로 팔각형 구조물과 불교와는 아무 관련이 없는 것이 된다.

환도산성 쌍팔각 구조물이 발견되기 전까지 삼국시대에는 고구려를 포함한 비불교 팔각 구조물의 전례가 없었다. 중국에는 팔각 구조물의 증거가 있지만 7세기 이후 나타난다. 평양과 지안의 불교 비불교 유적지를 모두 4세기 이전 건축된 것으로 보인다. 따라서 팔각형 건축은 분명 고구려식으로 볼 수 있다

환도산성 유적지를 연구하는 학자들은 이 논문에서 앞서 언급했듯

이, 팔각 쌍둥이 건조물이 의식 목적을 수행했다고 결론지었다. 한국 역사서 『삼국사기』도 환도산성에 조상 숭배 건물이 있었다는 문헌으로 보충된다. 이 결론이 타당하다고 가정하면, 일본의 현존하는 팔각 구조는 의례와 관련된 구조물로 볼 수 있다. 즉, 불교의 종교 의례 그 자체가 아니라 조상 숭배와 관련된 의례라는 것이다.

유메도노(夢殿)는 쇼토쿠를 기리기 위해 지어졌다. 고후쿠지(興福寺)의 난엔도(南円堂)는 후지와라(藤原) 가문이 조상을 기리기 위해 지었다. 호쿠엔도(北円堂)는 후지와라 가문의 다른 조상을 추념하기 위해 지어졌다.

상상할 수 있는 환도산성의 웅장한 팔각 전당과 마찬가지로 부와 특권의 특징이 이 일본 팔각전에서 울려 퍼진다. 일본의 귀족이 봉헌한 사찰 안에 특별한 구역에 지은 조상 숭배 의식은 건축이란 공간에 통합된 신앙 체계의 다양한 본질을 증명한다. 일본의 이 팔각전은 불교가 일본에 도입된 후 1세기 넘은 뒤 지어졌다. 이것이 실제로 고구려 건축 사상의 일부를 표현한 것이라면 이런 구조적 선호도가 일본에 남아 있게 된 이유를 설명할 추가 연구가 필요하다. 특히 고구려 가람 양식의 아스카데라는 아스카 시대 이후에 멸종되었다는 점을 고려할 때 더욱 그러하다.

결론

현재 평양 주변 지역의 초기 불교사찰 유적을 발굴한 결과 일본 최초의 불교사찰인 아스카데라는 평면계획[배치도]을 고구려 원형을 모델로 했을 가능성이 매우 큰 것이다.

하나의 사찰건축은 불교 유물과 달리 불교의 지적 기반을 조직화하고 개념화한 종교철학을 표현한다. 고구려가 일본 고대사찰 건립[평면] 계획에 광범위한 지식적 기여를 전수했음을 나타낸다. 또한, 일본의 현존하는 건축 구조물인 황실 계통의 봉헌 사찰에 있는 불상을 담은 팔각전 같은 것은 조상 숭배 의식과 관련된 고구려 팔각 유적지의 모습을 떠올리게 한다.

    사찰 공간으로서 팔각전 개념을 고구려로부터 물려받은 것이다. 고구려는 학식 있는 승려들을 통해 일본에 초기 불교를 확립하는 데 도움을 주었다. 고구려가 일본의 초기 불교에 기여한 것은 물질적인 것이 아니라 지적인 것이었으며, 그들의 지적 참여는 종교적 신념에 대한 광범위한 철학적 이념을 포괄했을 것으로 생각할 수 있다.

기이(紀伊)산지 '순례길'

나라 지역과 그 부근은 일본 고대국가 유적인 아스카(飛鳥) 고분과 다카마쓰(高松) 고분, 그리고 수많은 일본 천황의 고분이 산재한다. 나라시에서 남쪽으로 벗어나면 요시노(吉野)에서 구마노(熊野)에 이르는 기이(紀伊)반도 산지로 이어지는 순례자의 길이 열린다. 1200년 전 한반도에서 건너간 불교가 토착신앙인 신도(神道)와 어울려 여기저기에 점재하는 절과 신사(神社)에 참배하기 위해 순례길이 오래전부터 생긴 것이다. 요시노에서 남쪽 태평양 방향으로 종주하는 해발고도 1~2천 미터 내외의 산맥인데 연간 강우량 3천 밀리 정도로 산림이 울창한 산지이다.

순례길은 나라현(奈良県)과 와카야마현(和歌山県)에서 Y자형으로 남하하는 노선이 구마노 계곡 구마노신사에 이르러 해안으로 몇 갈래 나뉜다. 순례길의 총연장은 300킬로미터에 이르는데, 대부분 울창한 숲, 개울과 하천 그리고 군데군데 절과 신사 그리고 마을을 지나는 폭 1미터 정도의 소로, 오솔길이다. 해안에 이르면 도쿄, 나고야 등 동일본 방향은 이세(伊勢), 나고야(名古屋)로 돌아갈 수 있고, 간사이 지방은 와카야마현 서안을 따라 북상하면 오사카에 이른다. 순례길은 연간 약

1천5백만 명이 찾아온다고 한다. 물론 이 중의 대부분은 그저 산행이나 하이킹을 겸한 관광도 많지만, 9세기경 지은 절도 끼어 있으니 이런 참배 문화는 천년 이상 오래된 하나의 문화 전통이고, 토착신앙과 불교가 혼합된 하나의 문화경관으로서 장장 300킬로미터의 점(點)으로 이어진 루트가 되는 셈이다.

이 순례길이 어떻게 생성되고 이런 전통이 어떻게 천년 이상 유지됐는지 나는 잘 이해가 되질 않았다. 왜냐하면 일본 역사에도 불교가 전성하던 시대와 척불로 불교가 압제를 받은 시대가 공존하기 때문이다. 나름대로 해답은 고대 일본의 지배 구조가 아니었을까 하고 생각해 본다. 일본의 최고 집권자인 간파쿠(関白)는 14세기 헤이안교(平安京-오늘의 교토)를 떠나 가마쿠라(鎌倉)로 옮겨 갔고, 이후에는 오사카(大阪), 에도(江戸-도쿄)로 옮겨 갔으나 황실과 귀족들은 교토에 남아

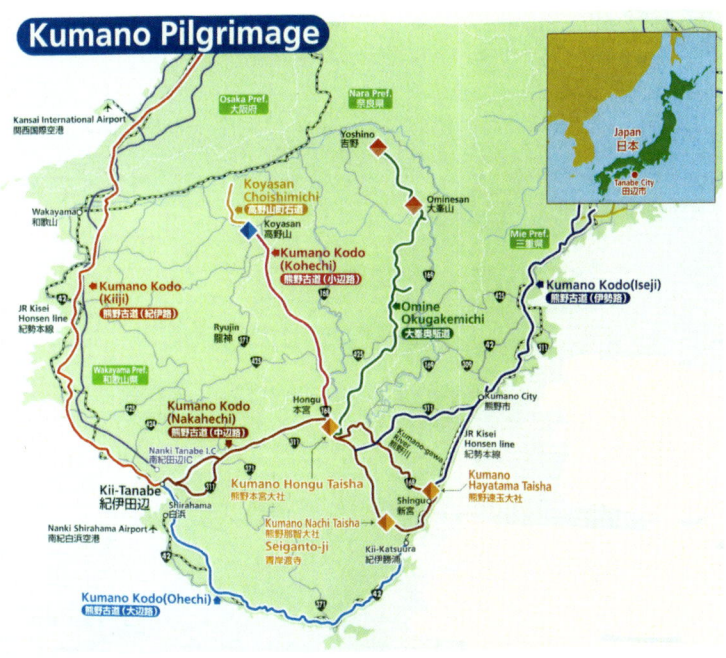

구마노 순례길

있었다. 정치권력이 없어진 이들에게 지위와 부를 가진 귀족들은 명찰과 신사를 찾아다니고 후원하는 것은 그들의 유일한 일이었을지도 모른다. 집권자가 없는 교토가 오늘과 같은 전통문화를 유지 발전시키고 누려 온 것은 황실과 귀족의 덕분임이 분명하다. 또 하나는 상업의 발달과 서민경제의 발전이 가져온 결과가 아닐까. 교통이 불편했던 시대에는 대부분이 먼 거리를 걸어 다녔다. 자연히 연도에 숙박업이 발달하는 등 사람들이 다닐 수 있는 여건이 조성된 것이다. 귀족들의 후원으로 사사(寺社-절과 신사) 경제가 좋아졌다. 연도에는 적당히 숙식할 곳이 있어야만 한다. 수십 일씩 걸리는 순례 여정은 노잣돈도 많이 들게 마련이다.

일본 정부 당국은 여기를 하나로 묶어 '기이산지의 성소와 순례길(Sacred Sites and Pilgrimage Routes in the Kii Mountain Range)'로 하여 2004년 세계유산으로 등재하였다. 등재 기준은, "동아시아에 절충과 혼합의 형태로 존재하는 불교와 신도의 독특한 퓨전(fusion)이고, 이러한 불교와 신도의 혼재는 일본의 종교문화를 반영하는 증거로서, 산림이 훼손되지 않고 유지되고, 유적도 온전하게 보존됨으로써 정신문화적 가치가 인정된다"라는 것이다.

필자는 2004년 나라에 체재하면서 주말이면 이 일대를 자주 찾아왔었고, 2009년에는 구마노에서 열린 이코모스 회의에 참여하면서 남쪽 반을 대부분 섭렵한 바 있다. 2004년 여름 주말에 혼자서 차를 몰고 긴푸센지(金峯山寺)까지 갔다가 돌아오는 길에 지도에 있는 소로에 들어섰다가 꼬불꼬불하고 험한 길을 만났는데 뒤로 돌아갈 수도 없고 앞으로 좁고 험악한 길을 헤쳐 나가는데 얼마나 고생했는지 지금도 그때의 경험이 생생하다.

이 순례길은 동일본에서 오거나 돌아가는 순례자들이 이세(伊勢)를 들르게 마련인데, 여기에는 일본 천황가의 선조를 모시는 이세신궁(伊勢神宮)이 있다. 이세신궁은 690년 창건되어 이른바 천손 족인 천황가의 조상 아마테라스 오미카미(天照御神)를 모시는 신사로서 일본 천황가와 대단히 밀접한 관계가 있는 곳이다. 오늘날에도 신상제(神嘗祭, 11월 23일 햇곡을 신에게 바치는 행사)를 비롯한 3대 행사에는 지금까지도 황실에서 신에게 바치는 폐백(幣帛) 물품을 보내오고 있다. 이세 해변에는 아마테라스 신과 그의 배필을 숭배하는 부부암(夫婦岩)을 볼 수 있는데, 이것이 바로 인간이 어떤 자연 대상에 의미를 부여한 예로서, 일본 고대사와 개국 신화에 연관된 문화경관이다.

이세신궁에는 독특한 전통 보존 방식이 있다. 오미카미를 모시는 내궁은 20년마다 새로이 신전을 세워 신위를 이전하고 고궁은 헐어버리고 다시 20년 후에 새 궁을 짓는다. 2013년 62번째의 신궁을 봉납하였는데 여기에 든 건축비는 일화 550억 엔으로 공표되었다. 필자는 2004년 이곳을 방문하였을 때 이미 신궁 공사가 시작된 것을 카메라에 담았던 일이 있다. 이세신궁에서 신상제를 비롯한 3대 제사에는 제기도 모두 새것으로 바꾸어 사용한다. 이것을 식년식 천궁(式年式 遷宮)이라 한다. 이 행사에 국가 예산의 투입은 부정하고 있다. 그러나 이 굉장한 공사와 사업을 하나의 종교법인이 맡아서 하기에는 너무 큰 일이 아닐까?

신궁은 전혀 단청을 하지 않는다. 이는 일본 고대 야요이(弥生)식 건축을 답습하여 칠을 하지 않음으로써 자연 그대로의 청결한 환경을 유지할 수 있다는 것이다. 칠하지 않고 20년 이상 지나면 목재가 노후화되어 감에 따라 오염이 쉽게 진행되기 때문에 신을 정결하게 모시기 위해 20년에 한 번씩 새로 지은 궁으로 옮긴다고 한다(式年式 遷宮). 굉장히 비용이 많이 드는 유지 방식이다. 그러나 전통 보존엔 장점이 많다. 20년에 한 번 새것을 짓는다는 것은, 신궁 건축에 참여한 젊은 목장(木匠)이 중견이 되었을 때 옆에 있는 구궁(舊宮)을 참고로 하여 자기가 기억하는 것을 재활용할 수 있고, 60세쯤 되어 다시 한 번 대목장으로서 건축을 총지휘할 수 있어 양식 보존과 전승에 이렇게 유효한 방법은 없을 것이라고 자신 있게 한다.

 이세 내궁(內宮)의 건축은 천년 이상 답습되어 온 무형유산이다. 긴 세월 연륜을 감내하고 옛날 모습을 지녀온 건물이나 미술공예품이 20년마다 그때그때 사람들에 의하여 다시 답습하여 재생산되고 이런 재현 기술이 계승되어 다시 축조되어 전통, 의식과 관습이 실로 오랜 세월 보존되어 온 중요한 무형의 자산이 아닐 수 없다.

순례길의 출발 지점인 요시노 킨카쿠지 가람의 사자상

요시노 킨카쿠지 가람. 나라에서 출발하는
기이산지 순례길의 시작 지점이다.

해발 350m 요시노 풍경

요시노로 가는 길목의 부농 주택

요시노로 가는 길목의 부농 주택

요시노로 가는 길목의 부농 주택

▲◀ 나라 근교의 농부

구마노의 하나노이마야신사 거암은 숭배의 대상이며 신사 자체라고 할 수 있다.

순례길 위의 숭배물

미에현 이세시의 순례길 관광명소 부부암, 두 개의 바위가 신성한 밧줄로 묶여 있다.

이세신궁 빈 터 위의 조형물

이세신궁 입구의 목조 다리

위아래:
미에현 이세시 풍경

미에현 이세시 풍경

신사 의식

순례길 위의 사찰 본당

2. 교토 京都

교토는 일본의 전통문화를 대표하는 곳이다. 교토에 가면 헤이안쿄(平安京) 천년 동안의 일본의 건축문화, 기온(祇園)축제와 같은 무형의 문화유산, 그리고 전통과 현대가 어우러진 생활문화를 만끽할 수 있다. 특히 건축과 융화시킨 일본의 정원은 일본 독자의 정신문화를 대표한다고 할 만하다. 자료에 의하면 교토에는 천년 동안 이어진 역사성으로 말미암아 일본의 국보급 문화재가 20퍼센트, 중요문화재의 15퍼센트가 존재한다고 한다. 그리하여 교토에는 17곳의 문화자산이 세계유산으로 등재되어 있다. 내용은 사찰이 12곳, 신사가 3곳, 궁궐 등 2곳이 문화유산으로 등재되어 사찰이 압도적이다.

나는 2000년 이래 짬짬이 교토와 나라 지역을 탐방하였고, 가깝게는 2023년 12월 하순 며칠 다녀온 바 있다. 하지만, 그 많은 문화유산과 생활유산을 몇 번 다니며 그 윤곽이나마 소개한다는 것은 불가능하다. 하지만 내가 다니면서 보고 느낀 것들을 남기고 싶어 짧지만 여기에 소개한다. 우선, 찾아갈 곳을 몇 군데 조사한 다음 홀로 전철, 지상 전차, 버스를 번갈아 타고 유적 명소를 찾아갔다. 하루 걸려 돌아본 곳은 도게쓰교(渡月橋), 덴류지(天龍寺)의 정원, 킨카쿠지(金閣寺), 뵤도인(平等院), 기요미즈데라(淸水寺), 야사카지(八坂寺) 절탑과 기온(祇園)지구 등이다.

아라시야마(嵯峨嵐山) 지역 일대와 도게쓰교는 풍광이 수려하다. 여기를 사가노(嵯峨野) 지역이라 부르는데, 5세기 후반 신라계 하타(秦)씨 일족이 다수의 사람들을 이끌고 한반도에서 교토지방으로 이민해 온 지역이라 한다. 이들은 가쓰라천(桂川) 일대 자주 범람하는 습지대 지역을 개간하였는데, 개울(溪川)의 수량 조절과 물의 이용을 위하여 보(堰)를 쌓아 농사를 짓게 하고 누에를 길러 양잠(養蠶)을 시작하였다고 한다. 하타씨 일족이 대규모 개간 사업으로 교토 일대를 농경지로 만든 것은 식량 생산-인구 집중의 과정을 거쳐 300년쯤 뒤 헤이안쿄(平安京)를 여는 실마리를 제공한 역사적 전개가 아닌가 생각된다. 하타씨는 이후 일본 정계에서 상당한 영향력을 발휘하는 문벌로 성장한다. 여기에, 도게쓰교를 놓은 사람은 9세기 중반 호류지(法輪寺)의 승려 하타씨 가문 출신 도창(道昌)이다. 도게쓰교라는 이름은 만월일 때 다리 밑에서 뱃놀이하면서 올려다보면 달이 다리를 건너가는 듯하다 하여 이름을 지은 것인데 현재의 다리는 철근 콘크리트이고 난간은 나무(히노키-桧)로 만들어져 있다. 가쓰라천 강가는 봄철의 벚나무와 가을 아라시야마(嵯峨嵐山)의 단풍과 더불어 수려한 경치로 인하여 교토 시민들이 가장 많이 찾는 유원지이다.

다음은 부근의 덴류지를 찾아갔다. 덴류지 창건 연대는 1339년으로 교토의 사찰 중에는 그리 오래된 사찰은 아니다. 덴류지는 사찰의 전통보다 서원 건물 앞 소겐치(曹源池) 정원이 일본의 사적명승 제1호로 지정된 곳으로 더 유명하다. 소겐치는 부근의 아라시야마와 가메야마를 차경(경치를 축소 모방)하여 지은 정원이라고 한다. 제1호로 지정된 사유는 정원의 전체 모양이 1799년에 간행된『도린센 명승도회(都林泉名勝図会)』에 옛 모습이 남아 전해져 왔기 때문이다.

여기서 교토를 더 구경하기 전에 역사와 내력을 잠깐 살펴보자.

교토는 8세기 말부터 19세기 중반까지 일본의 수도였다. 한 도시가 천년 이상 한 나라의 수도 노릇을 해 온 도시는 세계에서 매우 드문 일이라고 할 것이다. 역사적 건조물들이 온 시내에 산재해 있다. 그중 중요한 것은 세계문화유산으로 등재되었다. 제2차 세계대전 중 연합국은 수도 도쿄와 군수산업이 밀집해 있던 일본의 여러 도시를 무차별적으로 폭격했는데 교토는 문화자산이 많아 폭격을 하지 않았고, 이런 연유로 역사적 문화재들이 화를 면하고 보존될 수 있었다.

교토가 헤이안쿄(平安京)라는 이름의 왕도가 된 것은 794년의 일이다. 교토는 나라보다 수륙 양면으로 교통이 편리한데다 뒤에 히에이산(比叡山), 아라시산(嵐山)과 같은 거대한 산을 배경으로 하여 배산(背山)의 입지를 이용할 수 있는 장점이 있다. 헤이안쿄의 건설은 중국식의 도성 건설 양식을 본받은 조방제(条坊制-동서와 남북으로 바둑판 눈금처럼 구획한 도시계획 제도)를 채택하여 바둑판처럼 짜졌고, 당시 황실과 귀족의 엄호를 받는 대사찰이 곳곳에 건설되었다. 현대에도 교토의 사찰은 일본 불교의 총본산이다. 천년의 수도라고 하지만 헤이안쿄가 일본 정치의 중심이었던 기간은 4백 년뿐이었다. 천황의 시대는 천황 승계를 둘러싼 암투로 비극이 일어나기도 하였고, 인척이 세력을 잡으면서 귀족 간의 갈등이 심화하여 갔다. 드디어 간파쿠(関白)라는 섭정관이 나타나 정치권력을 거머쥐고 통치하는 시대로 접어들었다. 이어 1192년 가마쿠라 막부(鎌倉幕府)시대가 열리면서 정치권력은 정이대장군(征夷大將軍-약칭하여 將軍)으로 불리는 무인(武人) 정권으로 넘어갔던 것이다. 이러한 현상은 1868년 메이지유신(明治維新) 시점까지 지속되었다. 역대 무인 정권은 통치의 중심은 자신의 거점으로 옮겨갔지만, 천황제를 폐하지 않고 천황에게 아무 권력도 주지 않은 채 교토에 유폐시켰다. 교토에는 니조성(二条城) 같은 궁궐을 지어 장군이 교토에 올 때의 행궁으로 삼았다. 교토 어소(御所)에 머물던 황실은 메이지유신이 일어난 1868년 도쿄 에도성(江戸城)으로 옮길 때까지 별로 하는 일 없이 교토에 머물렀다.

교토는 정치권력이 옮아간 후에도 불교의 총본산으로 기능을 하게 된다. 교토 시내에 산재한 사찰은 대소 1,600개로 파악될 정도로 질이 모여 있다. 교토는 일본 불교 진언종(眞言宗)과 천태종(天台宗)의 총본산이다. 헤이안쿄 시대 명승들에 의해 창시된 일본 불교 종파와 교리가 전국으로 퍼져 나갔다. 명찰은 대개 황실이나 귀족 공가들의 재정적 후원으로 창건되고 유지되고 있음을 볼 때 국교가 불교일 때는 사찰이 늘어나는 것은 당연하나 일본에선 동시에 신사(神社)도 당당한 위치를 점하면서 같은 시기에 혼재하는 것은 특이한 현상이다. 무인 집권 시대(12세기 이후) 특히 전국시대(15세기에서 16세기) 권력 공백기에 사찰은 자기 재산과 권익을 보호하기 위하여 승병을 유지하였으며, 때로는 무인 다이묘(大名) 편에 가담하여 세력 다툼에 참여하기도 하였다. 일본에서의 불교는, 사후 구제사상이 널리 민중에 자리 잡아 단절 없이 오늘에 이르면서, 사람들의 사후 장속(葬俗)이 거의 불교식으로 진행된다고 할 정도로 뿌리 깊게 지탱했으며, 따라서 교토 불교 총본산의 영향력은 여전히 막강하다고 하겠다.

다시 투어를 계속한다. 금박으로 외벽을 발라 호화롭기 그지없는 킨카쿠지(金閣寺)를 찾아갔다. 킨카쿠지는 긴카구초에 야산을 배경으로 금색의 건물이 앞의 연못에 비쳐 문화재의 영상효과가 빼어나 교토의 빼놓을 수 없는 명소가 되었다. 2층과 3층을 금종이로 도배하여 호화로움이 경내를 가득 메우게 한다. 뒷산을 배경으로 앞 연못에 비친 금빛 금각사는 별천지 느낌을 주기에 충분했다. 과연 명소인지라 관광객 모두가 카메라를 들고 저마다 기념사진 찍기에 바쁘다. 킨카쿠지는 가마쿠라(鎌倉)시대에 아시카가(足利) 장군이 세운 별장이었는데 그가 죽은 후 선사(禪寺)가 되었다고 한다. 킨카쿠지는 여러 번 화재로 소실되었는데 최근 것은 1950년 전소되었던 것을 19세기의 도면을 근거로 하여 복원한 것이다. 금박을 도배하는 데 소요된 금은 약 20킬로그램이라 하니 그것을 금액으로 환산하면 얼마가 될지 궁금했다.

뵤도인(平等院)과 기요미즈테라(淸水寺)는 서로 거리가 꽤 떨어져 있다. 서둘러 JR선으로 우지(宇治)역으로 가기 위해 전철을 타고 우지역으로 오니 오후 2시가 넘었다. 우지는 교토의 교외로 예부터 귀족의 별장이 많은 지역이라 한다.

뵤도인도 애초 간파쿠(關白-일본의 최고통치자, 장군으로도 불린다) 후지와라 미치나가(藤原道長)가 별장으로 지었던 것을 그 아들 요리미치(賴通)가 1052년 사원으로 개조하여 극락세계를 구현하려 한 것이라 하는데 '뵤도인(平等院)'이란 명칭은 부처의 구제가 모든 사람에게 평등하게 미치라는 소원이라고 한다. 현재 남아 있는 건조물은 가마쿠라시대에 지은 봉황당(鳳凰堂)인데 가운데 중당(中堂)과 좌우에 날개인 익랑(翼廊)은 마치 봉화의 날개처럼 지은 미려한 건축이다. 법당 안의 조각과 벽화는 모두 일본의 국보이다. 뵤도인은 우지천의 물을 끌어들여 연못을 만들고 그 가운데에 지었는데 종교건축만 아니라면 마치 경주의 안압지를 연상케 한다. 세계문화유산 이외에도 80여 군데 명승 정원을 가지고 있으며, 가쓰라 리큐(桂 離宮-별궁)와 같은 비지

정 정원도 다수 있다. 이러한 명승 정원은 헤이안 시대를 지나오는 동안 예술적 표현으로 발전하여 일본 정원을 완성했다. 교토의 정원은 인간이 디자인하여 만든 문화경관임에 틀림이 없다.

초겨울의 해가 무척 짧아졌다. 서둘러서 교토 사찰의 상징이라 할 기요미즈테라(清水寺)와 기온마치(祇園町)에 가야만 한다. 기오미즈테라는 교토의 중심가라고 할 고조토리(五条通り) 끝에 가모가와(鴨川)를 건너 국도 1호선이 시작되는 지점에 사찰 입구가 있다. 기온지구는 여기서 한 블록 북쪽 시조토리(四条通り) 끝에서 시작한다. 기오미즈테라 입구에 다다르니 어느덧 해는 서산에 기울기 시작했다. 그런데도 사찰을 관광하러 온 사람들은 경내에 아직 가득하다.

기요미즈테라는 여기에 수도를 옮기기 전 780년에 사사(私寺-개인 가문의 절)로 지은 것이라 하는데, 그 후 황실의 사찰로 승격되었다고 한다. 현재의 본당은 1633년 지은 것으로 본당이 들어설 만한 부지가 없는 데에 많은 참배 신자를 수용하기 위하여 가파른 언덕 위에 4백 개에 가까운 기둥을 세워 그 위에 무대를 만들었다. 기둥에 못을 사용하지 않았고, 앞뒤와 좌우로 서로 떠받치게 하여 견고한 구조물을 만들었다. 원래 신자를 위해 무대를 세웠던 것인데, 관람객들은 본당의 참배는 소홀히 하고 무대에서 바라보는 경치에 매료되어 버리는 현상이 목격된다.

본당 무대에서 바라본 풍경은 아름다웠다. 산록에 지어 교토 시내를 멀리 조망할 수 있는 더할 나위 없는 로케이션이다. 기요미즈테라는 해발 242미터이니 우리나라 서울의 남산 높이 정도 될 것이고, 절의 무대는 평지를 내려다볼 수 있는 곳이라 사철의 풍광이 바뀌고 맑은 날, 흐린 날, 비 오는 날마다 모습이 달라질 것이다. 기요미즈테라를 소개하는 많은 사진이 본당 옆에서 찍은 벚꽃이나 단풍이 만개한 본당 무대 풍경과 더 원경으로 본당과 5층탑 너머로 내려다본 교토 시내의 모습이 인상적이다.

교토에 올 때마다 기요미즈테라는 빼지 않고 방문하였다. 근년에 들어 이 사찰은 하도 유명하게 되어 대낮에는 관광객으로 매우 혼잡하다. 나는 그래서 이 사찰은 해 질 무렵이나 해뜨기 전에 찾아 보곤 하였다. 피어오르는 저녁노을도, 해뜨기 전 고요함도 고도의 정념을 더해주는 기억에 남는 시간이었다.

절을 나서면 남북으로 산넨자카(三寧坂)와 야사카신사(八坂神社)가 있는 기온지구로 이어진다. 산넨자카와 기온지구는 고택과 '마치야(町屋-도심지에 건축한 상업용 건물)'가 즐비하여 세계유산과는 별도로 전통건조물 보존지구로 지정된 지역이다. 원래 기온지구를 돌아보자면 시조토리 끝에서 가모가와(鴨川)를 건너 야사카신사로 오는 것이 정도로 되어 있다. 그렇게 접근하면 시라가와천(白川) 변의 도심답지 않은 맑은 개천을 건너 식당에도 들어갈 수 있으며, 골목을 벗어나면 기온으로 이어지게 된다. 이것이 근세 이전에 기요미즈테라로 이어지는 순례의 루트였다고 한다. 이 길 연도에 찻집, 술집이 들어서고 사찰과 신사에 공급할 물품을 파는 상점 마치야가 들어서면서 기온(祇園)의 전통이 서서히 만들어지기 시작하였다. 교토의 전통공예와 공연물 그리고 '교(京)'문화를 상징하는 전통공연과 연주, 요리, 차도, 기생, 이 모두가 이곳에 현대와 함께 공존한다.

기온지구가 주로 장사하는 지역이라면 산넨자카지구는 돌담과 바닥돌을 아주 세심하게 다듬어 깐 골목길과 좌우 마주 보는 고택군이 아닌가 생각한다. 기온으로 나오면서 야사나탑(八坂塔) 너머로 저물어 가는 산넨자카 골목을 뒤로 하고 하루 탐방을 마쳤다. 벌써 기온 거리의 가게에 등불이 밝아진다.

　기온에서 빼놓을 수 없는 것은 기온마츠리(祇園祭り)에 관한 이야기이다. 기온축제는 도쿄의 간다(神田)축제, 오사카의 텐진(天神)축제와 더불어 일본의 3대 축제로 불린다. 약 한 달 동안 진행하는 기온마츠리는 시조도리 부근에서 축제용 가마 즉, 야마보코(山鉾-대 위에 화려한 장식을 하여 여러 사람이 어깨에 메는 대형 가마)를 메고 시작하는데, 헤이안 시대(10세기경) 야사카신사가 주동이 되어 크게 유행했던 전염병 방지를 기원하면서 일본 66개 지방 제후국을 대표하는 가마(御輿-미코시)를 만들어 보낸 것에서부터 시작되었다. 그런데 이러한 전통은 병란으로 중지되었다가 근세에 들어 경제력이 있는 상공업자가 중지되었던 기온마츠리를 자신들의 마을축제로 복구 발전시킨 것이라고 한다. 마츠리는 대개 더운 여름에 전통 보존과 지역 발전의 일환으로 치러진다.

　이런 전통은 교토에만 있는 현상은 아니다. 어떻게 하여 이런 전통이 생겨났을까. 우리나라와 사뭇 다른 방식으로 근대화를 이룩한 일본의 근세사에서 해답을 찾을 수 있다. 일본의 영지(領地) 지배자 '다이묘(大名)' 제도가 수도 중심이 아닌 일본의 지방도시 경제체제를 발전시킨 역할을 하였다. 13세기 이후 무인 정권이 통치하다가 15세기에 붕괴하여 지방의 무인 대소 다이묘가 합종연횡하면서 전쟁을 통하여 자웅을 다투었다. 이를 전국시대(戰國時代)라고 한다. 전국시대는 도쿠가와 장군이 일본을 통일하고 정권을 확고히 거머쥔 에도시대까지 지속된다. 전국시대 다이묘는 자기가 차지한 영토 내의 통치를 책임진 지배자로서 끊임없는 전투에 이기는 동시 자기 영지를 안정시키고 번영시키지 못하면 지배자로서 지위를 유지하지 못하였기 때문에 여러 가지 부국강병책이나 영지 안의 평민에 대한 복지정책을 연구하지 않으면 안 되었다. 또한 군사력을 가지고 있던 전국시대 다이묘는 무기 생산과 조달을 위해서 영지 내의 상공업을 발전시킬 필요를 느꼈다. 이렇게 하여 전국시대였지만 영지 내 상공업에 집중할 수 있는 체제를 만든 다이묘는 대규모 성곽을 짓고 성 밖에 이른바 평민 지구로 상공업과 주거 지역 중심의 '조카마치(城下町-성 밑 마을)'를 건설하였다. 일본 전국에 이러한 성 밑 마을로 발전한 도시가 수십 개나 된다. 전국시대에 오히려 상품경제의 발전을 이룩하게 되는 것이다. 이와 동시에 일본에서는 사원 부근의 경제활동을 뒷받침하는 몬젠마치(門前町-절 앞 마을) 등이 발전하면서 각지의 '조카마치'와 교토와의 상품교역이 활발해지고, 무역항구 미나토마치(港町), 사람과 물자가 왕래하면서 머물러야 하는 슈쿠바마치(宿場町-여인숙 마을)가 점점 도시화하여 갔다. 대표적인 도시는 오사카 근처의 사카이(堺), 명나라와 무역을 해 온 하카타(博多) 등을 꼽는다.

도시 중에는 부유한 상공업자들이 자치 조직을 만들어 시정을 운영하는 자유도시도 생겨났다. 이렇게 지방의 도시와 중앙인 교토와의 교역이 늘어나면서 교토에도 경제력을 가진 '마치슈(町衆)'라고 불리는 부유한 상공업자가 태어났고, 이들 마치슈가 중심이 되어 병란으로 중단되었던 기온마츠리를 복원하여 마치슈의 축제가 되어 하나의 민중 문화가 꽃피웠다. 교토의 무형유산 교(京-서울의 의미)의 교겐(狂言-전통음악), '교 요리', '교'의 차(茶), '교'의 축제 등 실로 다양한 형태의 전통이 만들어지고, 마치야(町家-대개 도시지역 노변에 있는 상업용 건물)가 즐비하게 들어서면서 지금도 교토에 수백 채가 남아 '마치야' 식당, 점포 등으로 성업 중이다. 교토의 마치야를 특별히 교마치야

(京町家)라 부르는데, 대체로 직주(職住-상업과 거주) 일체형의 주거 형식을 말한다. 교마치야는 민가 전면보다도 내부로 길게 지은 것이 특징인데 내용을 잘 모르는 관광객은 집 앞의 격자 장식을 보라고 지인이 충고해 주었다.

교마치야는 개발 압력과 유지비에 몰려 대부분 없어졌으나 아직도 수백 헌(軒)이 남아 있는데, 큰 거리 현대식 건물 사이에 끼어 아직도 그 생명력을 느낄 수 있다. 그러나 근년에 들어 노인 세대가 지니고 있던 교마치야를 인수하여 카페나 레스토랑으로 많이 개조되고 있다고 한다. 도시의 끝을 모르는 땅값 상승과 이에 따른 부족한 토지문제를 안고 있으면서도 마치야 건물을 헐지 않고 외관만이라도 유지 보존하는 것은 전통 보존 입장에서 가상하고 칭찬받을 만한 일이다.

교토는 전통과 현대를 잘 조화시키면서 지속적인 발전을 꾀하고 있다. 그 많은 문화유적이 즐비한 도시 내에 고층 아파트는 별로 보이지 않는다. 기요미즈테라에서 내려다본 교토의 스카이라인은 단순했다. 교토에 처음 오는 사람들은 '신칸센(新幹線-Bullet Train)'이 지상 5층 정도 높이의 철로가 그대로 역 구내 플랫폼으로 들어오는 데 놀랄 것이다. 역 구내를 내려와 티켓을 내고 거리로 나오면 초현대적인 교토 역사(驛舍)를 보고 다시 한 번 놀란다. 어떻게 역사도시 교토에 고속철도가 5층 위로 달려오는가, 어떻게 교토의 역사가 전통이 담기지 않는 초현대식 건물인가, 어떻게 교토 역전에 100미터 높이의 교토타워가 들어섰는가 등등. 타워는 1960년대에 건설한 것인데, 고도에 이런 건조물이 필요한지 찬반양론이 대립했다. 건설 당시(1960년대)까지만 해도 호국사인 도지(東寺)보다 높은 건물은 짓지 않는다는 불문율이 있었는데 역사적 경관과의 조화가 쟁점이었던 미관 논쟁에 학자와 문인 등의 반대론자를 누르고 정·재계 중심의 건설추진파가 이긴 결과라고 한다.

 1980년대에서 90년대 후반에 이르기까지 교토타워, 고층의 교토호텔(60미터), JR 교토 역사가 차례로 고층화되어 갔다. 도시의 경관을 파괴한다는 반대운동이 사찰과 시민단체에 의해 활발히 전개되었다. 그 후 역사적 경관을 보존하려는 시민운동이 꾸준히 이어져 왔고, 이런 시민운동이 결실되어 새로운 조례 '신경관 정책'이 채택되었다. 이제 교토에서는 마치야가 인접한 곳에 높은 건물이 들어설 수 없고, 고도제한지구에서 최대 30미터 이상의 건물은 들어설 수 없게 되었다. 자신들의 전통문화와 이에 걸맞은 경관을 지키려는 교토 시민들의 노력이 존경스럽다.

보도인 불교사원 (유네스코 세계문화유산)

특별사적 교토 킨카쿠지(金閣寺)

기요미즈테라(清水寺) 입구

▲▶ 기요미즈테라

기요미즈테라

석등

사찰의 기원찰(札)

교토 어소, 도쿄로 이전하기 전 천황의 궁궐

▲◀ 교토 어소의 문양과 장식

교토 어소 측문

교토 텐류지(天龍寺) 본당

교토 텐류지 정원-교토의 대표적 정원

교토 텐류지 정원

교토 시내 근대건축

한 도서관 앞에서

기온지구 골목길

▲◀ 하나미코지 거리

하나미코지 밤거리

하나미코지 밤거리

교토의 마치야(町屋)-전통상가,
법에 의하여 보호되고 있다

교토의 마치야(町屋)-전통상가

▲◀ 뒷골목 풍경

일본식 주택을 카페로 사용하는 곳이 점차 늘고 있다.

니넨자카

신년맞이 떡

재래시장 사람들

▲▶ 재래시장 사람들

▲▶ 재래시장 사람들